Las Aventuras de Adán y Kiki

Sessión Uno— Explorando la Biblia
Edición del Estudiante

Las Aventuras de Adán y Kiki

Sesión Uno- Descubriendo la Biblia
Edición del Estudiante

Publicado por: Bible Basics, LLC
Autor: Sally Pierson
Ilustrador: Angie Maxwell
Compilador: Debbie Pierson
Traductor: Marcela Ramirez

Derechos Reservados

© Bible Basics, LLC - 2013

Esta publicación completa o parcial No puede ser reproducida, copiada,
archivada o transmitida
en ninguna forma ó contexto sin previa Autorización.

ISBN 978-0-9895954-8-3

Bible Basics, LLC
23203 Kimberly Glen Ln.
Spring, TX 77373 USA

Directora : Debbie Pierson
Correo electrónico: piersondeb@gmail.com
Sitio: www.biblebasics4me.com

Dedicatoria

Dedicado a Todos Nuestros Bebés

David, Aiden, Kearney, y Liam
Elizabeth, Isaiah, Culann, Tyler, Jamie y Elly
Cody y Colt
Logan y Alex
y Sarah

Nuestra Esperanza es que todos ustedes aprendan a conocer a Jesús de forma íntima y personal y que siempre tengan real deseo de conocerlo más. Esperamos que compartan a Cristo Jesús con todo aquel que se cruce en su camino.

PáginaIV

Reconocimientos

En agradecimiento por su dedicación en la realización de este proyecto

Jesse Adkins - Editor Invitado
April Lewis - Editor Invitado

Indice

Lección 1 – La Verdad Total 1
Lección 2 – El Tesoro 13
Lección 3 – El Intruso 21
Lección 4 – Sigue al Líder 27
Lección 5 – Una danza para Dios 33
Lección 6 – Tres en Uno 39
Lección 7 – Quién es Dios? 47
Lección 8 – Nombres de Dios 55
Lección 9 – Para qué es? 63
Lección 10 – Componentes de la Biblia 69
Lección 11 – Cómo Estudiar 77
Lección 12 – Cómo Dios la Explica! 85
Apéndice 1 – Conociendo a Dios .... B
Apéndice 2 – Diferentes Versiones de la Biblia .... E
Apéndice 3 – Versos a Memorizar .... G

PáginaVIII

Notas

Conforme estudian favor de considerar lo siguiente:

- Las fechas son aproximadas a menos que se especifique de otra forma y están basadas en el Calendario Judío.

- Referencias de las Escrituras provienen de la Nueva Versión Internacional a menos que se especifique de otra forma.

- Definiciones Hebreas provienen de "Strong's Concordance" a menos que se especifique de otra forma.

- El Antiguo Testamento y el Nuevo Testamento han sido abreviados como AT y NT, respectivamente.

- Generalmente en la Escrituras se hace referencia al Ser Humano con la palabra "hombre", sin especificar el género.

- Fotografías específicas provienen sitio http://www.bibleplaces.com/ y se han utilizado con la Autorización de Todd Bolen.

- Gráficas e ilustraciones provienen de los sitios enlistados a continuación a menos que se especifique de otra forma. Estan enumerados con el propósito de facilitar su identificación.
    - (1)   http://commons.wikimedia.org/
    - (2)   http://www.wpclipart.com/
    - (3)   http://www.clipartpal.com/
    - (4)   http://www.clker.com/
    - (5)   http://www.openclipart.org/
    - (6)   http://www.picgifs.com/
    - (7)   http://www.gospelgifs.com/
    - (8)   http://www.clipartlord.com/
    - (9)   http://www.saint-mary.net/mm/CLIPARTS/II/index.htm
    - (10)   http://hasslefreeclipart.com/
    - (11)   http://thebiblerevival.com/

- Adán y Kiki son ilustraciones propiedad de Angela Maxwell y han sido utilizadas con su Autorización.

PáginaX

Introducción

Proverbios 22:6

Instruye al niño en su camino y aún cuando fuere viejo no se apartará de él.

Las Aventuras de Adán y Kiki, Sesión Uno, es el curriculum compañero de los fundamentos de la Biblia, Sesión Uno. Dicho curriculum se ha creado para proporcionar a los niños la oportunidad de aprender acerca de Dios y la Biblia, y al mismo tiempo los inspira a acercarse a sus padres con preguntas ó dudas que pudieran tener. Ambas sesiones y/o estudios coinciden, permitiendo de esta forma que los padres estén informados acerca de lo que sus hijos están aprendiendo.

PáginaXII

Lección 1

Adán y Kiki

Descubrir
La Verdad Total

Verso a memorizar

Isaias 40:8

La hierba se seca y la flor se marchita, pero la palabra de Dios permanence para siempre.

Lección 1 - La Verdad Total

Hoy vamos a ir en una Aventura! Puedes imaginarte vestidos como un verdadero explorador con un chaleco y un sombrero?

En nuestra Aventura de hoy vamos a explorar seis diferentes formas como podemos probar que la Biblia es verdadera, Estas listo? !Vámonos!

1 - Documentos Históricos!

Documentos históricos son documentos escritos de cosas y situaciones que ocurrieron en el pasado. Algunos de estos documentos son copias de libros que prueban que la Biblia es verdadera y ha sido traducida correctamente.

[1]

Los manuscritos del Mar Muerto son algunos de estos documentos históricos. Fueron escritos entre el año 200 AC y el año 68 DC. Muestran que no existen grandes diferencias entre lo que se escribió en aquella época, y lo que esta escrito el AntiguoTestamento de la Biblia de hoy.

Existen también copias antiguas de los libros del Nuevo Testamento, con pequeñas diferencias en relación a los libros de hoy en día. Esas diferencias no cambian la enseñanza [1]Cristiana del Nuevo Testamento.

Las Aventuras de Adán y KiKi

Lección 1 - La verdad Total

2 Descubrimientos Arqueológicos!

Descubrimientos Arqueológicos son antiguos documentos encontrados en la actualidad. Los manuscritos del Mar Muerto son Grandes ejemplos. Son exactamente como la Biblia los describe, provando que es real y verdadera.

Manuscrito del Mar Muerto

Es parte del libro de Isaías

Isaías 57:17
a
Isaías 59:9

http://en.wikipedia.org/wiki/File:1QIsa_b.jpg

Caverna de los manuscritos del Mar Muerto

Esta en Qumran, en la carretera Oeste del Medio Oriente

http://en.wikipedia.org/wiki/File:Qumran.jpeg

Lección 1 - La verdad Total

3 Más Descubrimientos!

Alberca Siloam

Es donde Jesús sanó al hombre ciego en Juan 9:1-11

Esta fotografía es de principios del año 1900

La alberca mide 16.15 metros de largo y 5.5 metros de ancho

http://www.bibleplaces.com/poolofsiloam.htm

La Alberca Siloam

en la actualidad Recientemente los escalones hacia el fondo de ésta han sido destapados.

http://www.bibleplaces.com/poolofsiloam.htm

**Disfrutaste esta Aventura??
Espera porque hay más por venir!!**

Lección 1 - La Verdad Total

6 Se cumple una Profecía!

Profecía es cuando Dios nos dice algo antes de que suceda. Muchas cosas en la Biblia son profecías. Cuando las cosas que Dios nos dice se hacen realidad, significa que una profecía se ha cumplido. En Micah 5:2, se dijo que Jesus nacería en Belén. Cuando eso sucedió, entonces se cumplió la profecía y eso prueba que la Biblia es real y verdadera.

(3)

Lección 1 - La Verdad Total

7 Vidas Transformadas!

La prueba más grande de que la Biblia es verdadera es cuando la vida nos cambia.

Vivíamos en pecado, pero ahora vivmos con Jesús en nuestros corazones y viviremos para siempre.

Lección 1 - La Verdad Total

Recuerda!

Dios ha probado que su Palabra es la Verdad Total!

Los libros de la Biblia de esta semana

Génesis

Exodos

Lo que más me gustó de esta lección...

_____
_____
_____
_____

Mi verso a memorizar

Lección 2

Adán y Kiki

Descubrir El Tesoro!

Verso a memorizar
Salmos 119:89
Para siempre, Oh SEÑOR, permanence tu palabra en los cielos.

Lección 2 - El Tesoro

A cuántos de ustedes les gustaría encontrar un Tesoro escondido?

Si encuentras un cofre del tesoro, que te gustaría que hubiera adentro? Dinero? Juguetes? Un juego nuevo?

Vamos a ir en búsqueda de un tesoro y encontraremos cosas buenas acerca de la Biblia.

Si encuentras un cofre con una Biblia adentro, pensarías que es solo un libro más para llevar a la escuela ó iglesia?

La Biblia es muy especial. Veamos siete maneras de como es nuestro Gran Tesoro.

1 Es Dios-Inspiración!

Dios nos dió la Biblia al predicar ante la gente, y esa gente escribió lo que EL les dijo.

2 Timoteo 3:16a
Toda Escritura es inspirada por Dios y útil para enseñar, para reprender, para corregir y para instruir en la justicia.

La palabra original en Griego, "INSPIRADO", se encuentra en 2 Timoteo 3:16 y significa "Dios es inspiración".

Lección 2 - El Tesoro

2. ¡EL nunca cambia!

Mateo 24.35
El cielo y la tierra desaparecerán, pero mis Palabras no desaparecerán jamás.

La Palabra de Dios no cambia con el tiempo. Permanece igual por siempre.

3. ¡Es Perfecta!

En 2 Pedro 1:20-21 la Biblia nos dice que Dios dijo a la gente qué escribir en ella, no lo inventaron ellos mismos. La Palabra de Dios no tiene errores.

Salmos 119:89
Para siempre, Oh SEÑOR, Permanece tu palabra en los cielos.

Lección 2 - El Tesoro

4 Nos dice cómo vivir!

La Palabra de Dios nos dice como debemos comportarnos todos los días.

5 Es Importante!

La Palabra de Dios es mejor que cualquier otro libro y el más vendido de todos los tiempos.

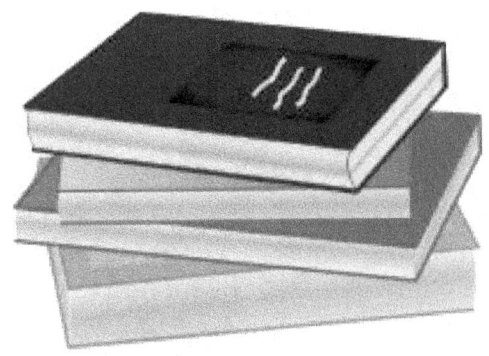

(5)

Lección 2 - El Tesoro

6. Es un maestro!

La Palabra de Dios es nuestra guía. Nos dice lo que EL quiere que hagamos y lo que no.

2 Timoteo 3:16b

Nos enseña, nos reprende, nos corrige e instruye en la justicia, a fin de que el siervo de Dios este capacitado para toda buena obra.

7. Es verdad!

Dios no dice mentiras.

Numeros 23:19a

Dios no es un simple mortal, para mentir y cambiar de parecer,

Lección 2 - El Tesoro

¡Recuerda!

Dios nos dió la Biblia como un mapa del tesoro así sabremos que esta bien y que esta mal. Este mapa nos enseña el camino correcto a seguir.

Los libros de la Biblia de esta semana

Levitico

Números

Lo que más me gustó de esta lección...

_____

_____

_____

_____

Mí Mapa del Tesoro

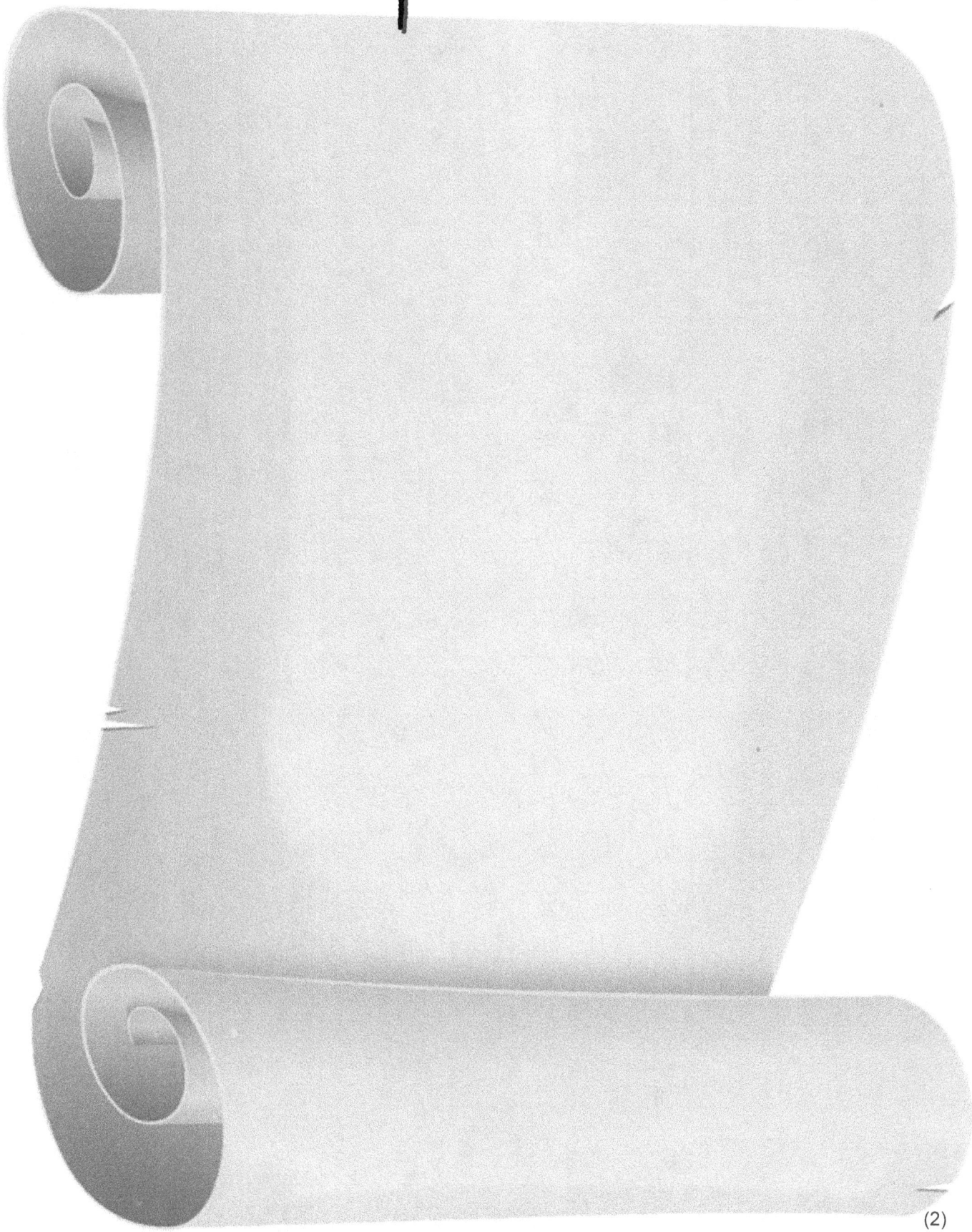

Lección 3

Adán y Kiki

Descubrir
El Intruso!

Verso a memorizar

Efesios 6:11

Pónganse toda la armadura de Dios para que puedan hacer frente a las artimañas del diablo.

Lección 3 - El Intruso

Vamos a prepararnos para ponernos la armadura de Dios y su espada (La Palabra de Dios) y pelear contra el enemigo!

En el primer libro de la Biblia, Génesis, los primeros 3 capítulos nos hablan del hombre y la mujer (Adán y Eva) que vivieron en el paraíso. Satanás, quien es el enemigo de Dios y nuestro también, encontró la forma de engañarlos para que desobedecieran a Dios.

<u>Santiago 1:14-15</u>
Cada uno es tentado cuando sus propios malos deseos lo arrastran y seducen. Luego, cuando el deseo ha concebido, engendra el pecado; y el pecado, una vez que ha sido consumado, da a luz la muerte.

Satanás todavía trata de encontrar la forma de engañarnos, como hizo con Adán y Eva en el paraíso. Utiliza las mismas armas para robar, matar y destruír a la gente de Dios.

Cómo Satanás trata de destruirnos?
El tiene un plan.

Lección 3 - El Intruso

1. Satanás Ataca!

Satanás los atacó inicialmente con las mismas Palabras que Dios usó, tratando que Adán y Evan dudaran de Dios. Estas son las palabras que Satanás utilizó.

Génesis 2:15–17

Dios el Señor tomó al hombre y lo puso en el jardín del Edén para que lo cultivara y lo cuidara y le dió este mandato: Puedes comer de todos los árboles del jardín, pero del árbol del conocimiento del bien y del mal no deberás comer. El día que de él comas, ciertamente morirás.

2. Dios dijo eso?

Satanás trató de sembrar la duda en Adán y Eva preguntándoles si Dios esperaba que le obedecieran.

Génesis 3.1b

"Es verdad que Dios les dijo que no comieran de ningún árbol del jardín?

(1)

Lección 3 - El Intruso

3 Dios se preocupa por Mi?

Satanás quería que Adán y Eva creyeran que Dios no quería que les sucedieran cosas buenas, entonces combinó sus mentiras con la Palabra de Dios de manera que pareciera que Dios no los amaba.

Genesis 3:5
"Dios sabe muy bien que, cuando coman de ese árbol, se les abrirán los ojos y llegarán a ser como Dios, conocedores del bien y del mal."

(1)

4 La Biblia realmente importa?

Satanás convenció a Adán y Eva que lo que Dios decía no importaba y que ellos deberían hacer lo que Dios les prohibió.

Génesis 3:6
La mujer vió que el fruto del árbol era bueno para comer y tenía buen aspecto y era deseable para adquirir sabiduría, así que tomó de su fruto y comió. Luego le dió a su esposo y también él comió.

Lección 3 - El Intruso

Ahora, si alquien te dice "trae tu espada contigo", sabes de que están hablando? Lo que eso significa? Así es, traer tu Biblia, Es la espada de la verdad, porque la Palabra de Dios es la Verdad. Es por eso que debemos conocer lo que dice la Biblia.

Debemos trear nuestra espada a mano para defendernos de las mentiras de Satanás.

Juan 8:31-32

"La verdad los hará libres" Jesús les dijo a los judíos que habían creído en El. "Si ustedes obedecen mis enseñanzas, serán verdaderamente mis discípulos y conocerán la verdad."

Si podemos ser libres al conocer la verdad de Dios, imagínate lo bueno que sería compartir esa verdad con otras personas.

(2)

Lección 3 - El Intruso

Recuerda!

Dios nos dió armas para pelear contra el enemigo, Satanás, y una de ellas es la Biblia.

Los libros de la Biblia de esta semana

Deuteronomio

Josué

Lo que más me gustó de esta lección...

_____
_____
_____
_____

Lesson 4

Adán y Kiki
Descubrir

Verso a memorizar — **Jeremías 29:11**
"Porque yo sé muy bien los planes que tengo para ustedes -afirma el Señor-, planes de bienestar y no de calamidad, a fin de darles un futuro y una esperanza."

Lección 4 - Sigue al Líder

**Dios tiene un Propósito.
Porque El tiene ese Propósito
El tiene un Plan para nuestras vidas!**

Hay un juego que se llama "Sigue al Líder". Cuando lo sigues, se sabe que no correrás peligro. Dios quiere ser tu Líder! El nunca te pondrá en peligro y El siempre tendrá cosas buenas para tí.

(6)

Salmos 139:16

Tus ojos vieron mi cuerpo en gestación: todo estaba ya escrito en tu libro; todos mis días se estaban diseñando, aunque no existía uno solo de ellos.

Lección 4 - Sigue al Líder

1. ¡Tengo un Propósito!

Has tenido alguna vez una pelea con alguien y al final dejan de ser amigos? Eso es lo que pasó con Adán y Eva cuando desobedecieron a Dios. Dejaron de ser sus amigos. Desde entonces, todos hemos desobedecido a Dios de alguna forma y necesitamos ser perdonados, y volver a ser amigos de Dios.

El Propósito de Dios para nosotros es que ayudemos a otros a ser sus amigos.

Existen muchas formas de ayudar a otros a seguir a Dios y convertirse en sus amigos. Como cantardo acerca de Dios, hablardo de Dios ó ayudardo a otra gente.

2 Corintios 5:18b

Y Dios nos dió el ministerio de la reconciliación

Las Aventuras de Adán y KiKi

Lección 4 - Sigue al Líder

2 Dios tiene un Plan!

Dios nos enseña todas las diferentes formas de ayudar a la gente a convertirse en sus amigos. Si le preguntas y lo escuchas, El te dirá qué hacer.

Dios también usa la Biblia pra decirnos qué debemos hacer.

Mateo 4:19

"Vengan, siganme" —les dijo Jesús—, "y los haré pescadores de hombres !"

Lección 4 - Sigue al Líder

3. Puedo CONFIAR en Dios!

Para alcanzar el Plan de Dios y su Propósito para nosotros, debemos aparender a creer y confiar en El. Cómo aprendemos a confiar en Dios?

Proverbios 3:5-6

Confía en el SEÑOR de todo corazón, y no en tu propia inteligencia. ⁶ Reconócelo en todos tus caminos, y él allanará tus sendas.

Lección 4 - Sigue al Líder

¡Recuerda!

Dios tiene un Propósito y un Plan para nuestra vida.

Los libros de la Biblia de esta semana

Jueces

Rut

Lo que más me gustó de esta lección...

_____

_____

_____

_____

Lección 5

Adán y Kiki

Descubrir
¡Una Danza para Dios!

Verso a memorizar Apocalipsis 4:11
"Digno eres, Señor y Dios nuestro, de recibir la gloria, la honra y el poder, porque tú creaste todas las cosas por tu voluntad existen y fueron creadas."

Lección 5 - Una danza para Dios

Honrar a alguien significa respetarlos ó admirarlos mediante tu forma de actuar y hablar.

El Rey David es un gran ejemplo de alguien que Honró a Dios.

Los enemigos de Israel, los Filisteos, robaron el arca de Dios en una Guerra. Cuando trajeron el arca de regreso, todo Israel se alegró y cantó para demostrar Honor y Amor por Dios. El Rey David también danzó (bailó) frente al arca para honrar a Dios.

2 Samuel 6:14a

Y David se puso a bailar ante el Señor con gran entusiasmo.

Lección 5 - Una danza para Dios

1. Yo puedo HONRAR a Dios!

Podemos Honrar a Dios con lo que hacemos, **mostramos**, y decimos. Podemos Alabar, Cantar, Bailar, y obedecer la Palabra de Dios.

Cuáles son algunas formas de Honrar a Dios?

Salmos 95:6

Vengan, postrémonos reverentes, doblemos la rodilla ante el Señor nuestro Hacedor.

Lección 5 - Una danza para Dios

2. ¡Puedo Alabar a Dios!

Existen momentos para Bailar, **Gritar**, Cantar y Alabar a Dios.

Salmos 100:2
Adoren al Señor con regocijo. Preséntense ante El con cánticos de júbilo.

3. ¡Puedo Adorar a Dios!

Existen momentos en que necesitamos hacer reverencia, sentarnos en silencio y escuchar a Dios.

Salmos 95:6
Vengan, postrémonos reverentes, doblemos la rodilla ante el Señor nuestro Hacedor.

Lección 5 - Una danza para Dios

Recuerda!

Existen muchas maneras de Alabar a Dios. Cualquier forma que escojas para Alabar a Dios, lo hace siempre muy Felíz.

Los libros de la Biblia de esta semana

1 Samuel
2 Samuel

Lo que más me gustó de esta lección...

_____
_____
_____
_____
_____

Lección 6

Adán y Kiki

Descubrir Tres en Uno!

Verso a memorizar
1 Juan 5: 7-8
Tres son los que dan testimonio, y los tres están de acuerdo: El Padre, el Espíritu, y la Palabra.

Página 39

Lección 6 - Tres en Uno

La Palabra "Trinidad" se utiliza para hablar de la relación entre el Padre, el Hijo y el Espíritu Santo.

El Padre, el Hijo y el Espíritu Santo tienen 3 funciones diferentes, pero son los 3 Un solo Dios. Como una manzana tiene 3 partes, la cascara, la fruta y la semilla y es una sola manzana.

Tres en Uno!

La Biblia nos dice que hay 3 verdades acerca de la Trinidad.

1. El Padre, el Hijo y el Espíritu Santo tienen trabajos separados.

2. Los Tres son Dios

3. Existe un solo Dios.

1 Corintios 8:6

Para nosotros no hay más que un solo Dios, el Padre, de quien todo procede y para el cual vivimos; y no hay más que un solo Señor, es decir, Jesucristo, por quien todo existe y por medio del cual vivimos.

Lección 6 - Tres en Uno!

1. El Padre creó un Plan!

El Padre lo creó un Plan, y en ese Plan diseñó y organizó como EL nos salvaría.

Juan 3:16

"Porque tanto amó Dios al mundo, que dió a su hijo unigénito, para que todo el que cree en El no se pierda, sino que tenga vida eternal."

Lección 6 - Tres en Uno!

2 — El Hijo lo hizo!

El Hijo llevó a cabo el Plan de Dios al morir en la Cruz, haciendo posible para nosotros el acercarnos a Dios y pedirle perdón por nuestros pecados.

(7)

Jesús dijo:

Juan 12:49-50

"Yo no he hablado por mi propia cuenta; el Padre que me envió me ordenó qué decir y cómo decirlo. Y sé muy bien que su mandato es vida eternal; Así que todo lo que digo es lo que el Padre me ha ordenado decir."

Jesús said:

Juan 6:38

Porque he bajado del cielo no para hacer mi voluntad sino la del que me envió.

Lección 6 - Tres en Uno!

3 — El Espíritu Santo termina!

El Espíritu Santo lo continua con el Plan haciendo que escuchemos su llamado para Aceptar la Salvación que Dios Padre planeó y el Hijo llevó a cabo al morir en la Cruz. Así podemos encontrar la Salvación.

Juan 14:26

Pero el Consolador, el Espíritu Santo, a quien el Padre enviará en mi nombre, les enseñará todas las cosas y les hará recorder todo lo que les he dicho.

Lección 6 - Tres en Uno!

4 No lo entiendo bien!

El mensaje acerca de la "Trinidad" no se puede explicar por completo. Es muy difícil describirlo con palabras. Por esto, debemos aceptar en FE que Dios es Tres en Uno.

(1)

1 Corintios 13:12

Ahora vemos de manera indirecta y velada, como en un espejo; pero entonces veremos cara a cara. Ahora conozco de manera imperfecta, pero entonces conoceré tal y como soy conocido por Dios.

Lección 6 - Tres en Uno!

Recuerda!

Existe solo un Dios y al mismo tiempo hay tres individuos que forman a ese Dios. El Padre, el Hijo y el Espíritu Santo.

Los libros de la Biblia de esta semana

1 Reyes

2 Reyes

Lo que más me gustó de esta lección...

_____

_____

_____

_____

Lección 7

Adán y Kiki

Descubrir
¿Quién es Dios?

Verso a memorizar

Jeremías 9:24a
Si alguien ha de gloriarse, que se glorie de conocerme y de comprender que yo soy el Señor.

Lección 7 - Quién es Dios?

Cada persona tiene carcterísticas propias que los hacen únicos. Algunos son felices y amistosos la mayor parte del tiempo. Otros pueden estar enojados ó tristes. Cuáles son algunas de las características que tu tienes?

(2)

Cuáles son las características que buscas en un amigo?

(2)

Lección 7 - Quién es Dios?

Conocer el carácter de Dios es importante si vamos a ser su amigo. Aqui presentamos algunas de las características de Dios.

1 Dios es Bueno!

Bueno significa hacer los que esta bien y es correcto.

Gálatas 5:22-23
En cambio el fruto del Espíritu es amor, alegría, paz paciencia, amabilidad, bondad, fidelidad, humildad y dominio propio. No hay ley que condene estas cosas!

Gálatas 6:10
Por lo tanto, siempre que tengamos la oportunidad, hagamos bien a todos y en especial a los de la familia de la Fé.

(1)

Lección 7 - Quién es Dios?

2 Dios es Amoroso!

Ser amoroso significa demostrar amor y cuidar de los demás.

Juan 13:34-35
Este mandamiento Nuevo les doy: que se amen los unos a los otros. De este modo todos sabrán que son mis discípulos, si se aman los unos a los otros.

1 Juan 4:11
Queridos hermanos, ya que Dios nos ha amado así, también nosotros debemos amarnos los unos a los otros.

Cómo te demuestran tus papás que te aman?

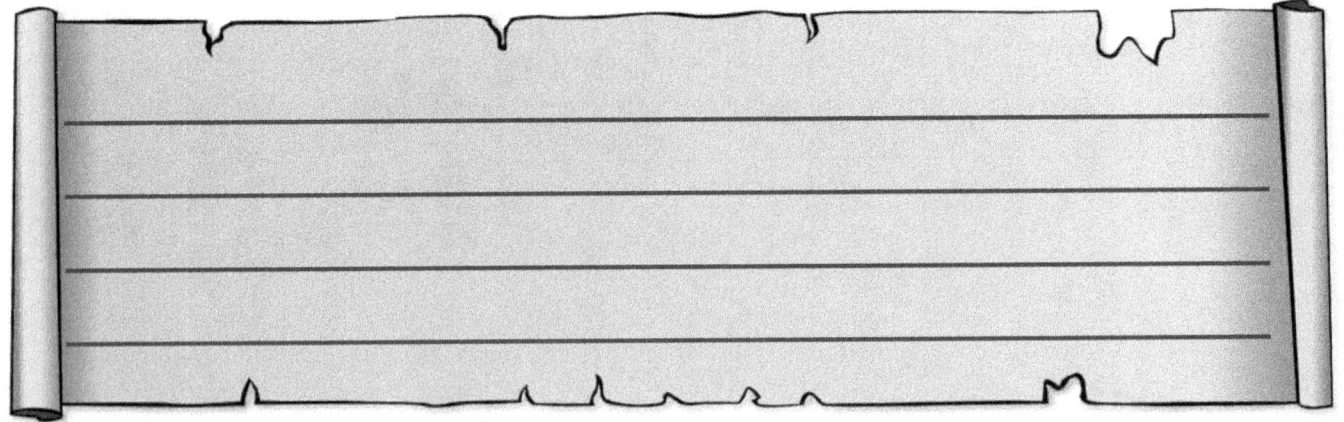

Lección 7 - Quién es Dios?

3 Dios es fiel!

Fiel es ser leal, constante ó responsable.

Lucas 12:42
Respondió el Señor: Dónde se haya un mayordomo fiel y prudente a quien su señor deja encargado de los siervos para repartirles la comida a su debido tiempo?

1 Corintios 4:2
Ahora bien, a los que reciben un encargo se les exige que demuestren ser dignos de confianza.

Cómo podemos ser personas fieles?

Lección 7 - Quién es Dios?

4 Dios es Misericordioso!

Misericordia es demostrar Bondad cuando alguien no lo merece.

Mateo 5:7
Dichosos los compasivos, porque serán tratados con compassion.

Santiago 2:13
Porque habrá un juicio sin compasión para el que actúe sin compasión. La compasión triunfa en el juicio final!

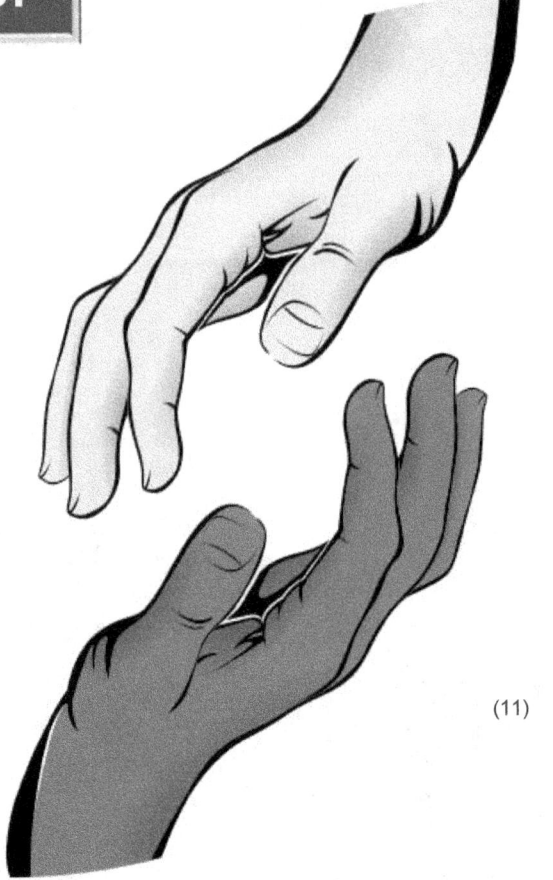

La Biblia dice que debemos mostrar misericordia como Dios lo hace. Cómo podemos demostrar misericordia?

Lección 7 - Quién es Dios?

Recuerda!

Dios es Bueno, Amoroso, Fiel y Misericordioso.

Los libros de la Biblia de esta semana

1 Crónicas

2 Crónicas

Lo que más me gustó de esta lección...

_____
_____
_____
_____

Lección 8

Adán y Kiki

Descubrir
Los nombres de Dios!

YAHWEH

Jehovah

El Shaddai

Elohim

Adonai

Verso a memorizar

<u>Oseas 6:3a</u>

Oh, conozcámos al Señor; vayamos tras su conociemiento.

Lección 8 - Nombres de Dios!

Nombres en Hebreo son diferentes que los nombres en Inglés. En Hebreo, el nombre nos dice quien es una persona ó en quien llegan a convertirse. Dios tiene diferentes nombres que explican quien es El. Todos sus nombres deben respetarse igual que respetamos a Dios.

Aquí tenemos algunos ejemplos:

Una persona muy inteligente puede ser llamada "Einstein"

(5)

(6)

Una persona que es traidora puede llamarse 'Judas'.

(5) (8)

Mateo 26:25
- Acaso seré yo, Rabí? - le dijo Judas, el que lo iba a traicionar.
- Tu lo has dicho - le contest Jesús.

Lección 8 - Nombres de Dios!

Cuando Moisés habló con Dios, preguntó cuál era su nombre. No lepreguntó "cómo te llama la gente?"Moisés quería saber cómo era Dios y que había hecho. Dios le respondió explicándole lo que El hizo por los Israelitas. El le dijo "Yo Soy", quien lo hizo por ellos. El le recordó a Moisés todas las cosas que ayudarían a Israel a identificarlo como su Dios.

(9)

Exodo 3:13-14

Pero Moisés insistió: Supongamos que me presento ante los Israelitas y les digo: "El Dios de los antepasados ne ha enviado a ustedes." Qué les respondo si me preguntan: Y cómo se llama?
"Yo Soy el que soy", respondió Dios a Moisés. Y esto es lo que tienes que decirles a los israelitas: "Yo Soy me ha enviado a ustedes."

Lección 8 - Nombres de Dios!

1. Yahweh - Jehová!

יהוה

SEÑOR DIOS

Yahweh y Jehová son nombres que tienen el mismo significado. En Español están escritos normalmente como "SEÑOR" ó "DIOS" con letras mayúsculas.

Yahweh y Jehová son utilizados cuando la Biblia habla acerca de la relación personal que Dios tiene con nosotros.

Lección 8 - Nombres de Dios!

2. Elohim!

אֱלֹהִים

DIOS

Elohim se refiere al poder de Dios y que EL ha creado todas las cosas. Cuando encuentras este nombre quiere decir Dios (con "D" mayúscula y "ios" en letras minúsculas).

Cada letra en el Antiguo Alfabeto Hebreo es un dibujo y cada dibujo muestra una idea. Elohim es el dibujo de la cabeza de un buey, que significa poder y trabajador de un pastor, autoridad. Esto muestra que Dios significa Poder y Autoridad.

Lección 8 - Nombres de Dios!

3 El Shaddai!

אל שדי

Más que suficiente!

El Shaddai significa Dios Abastecedor, Suficiente.

El significa Fortaleza ó poder. Shaddai es una combinación de Sha y dai. **Sha** quiere decir "quien" y **dai** "suficiente"
.
El Shaddai significa un Dios que es suficiente ó más que suficiente.

Lesson 8 - Names of God!

4 Adonai!

אֲדֹנָי

Señor

'Adonai' en Español se escribe 'Señor' (con "S" mayúscula y "eñor" con letras minúsculas).

Adonai significa Señor, Maestro ó Dueño.

Lección 8 - Nombres de Dios!

Recuerda!

Conociendo los diferentes nombres de Dios nos ayuda a entender quien es EL.

Los libros de la Biblia de esta semana

Esdras

Nehemías

Lo que más me gustó de esta lección...

_____
_____
_____
_____

Las Aventuras de Adán y KiKi

Lección 9

Adán y Kiki

Descubrir
Para qué es?

Verso a memorizar <u>Salmos 78:4b</u>
No las esconderemos de sus descendientes; hablaremos a la generación venidera del poder del SEÑOR, de sus proezas, y de las maravillas que ha realizado.

Lección 9 - Para qué es?

1. Para qué escribirlo?

Muchas veces en la Biblia las instrucciones de Dios fueron "ESCRIBIR" todo lo que ha pasado, y todo lo que él dijo, para que no olvidaran lo que EL hizo por ellos.

Exodo 17:14 a

Entonces el SEÑOR le dijo a Moisés: «Pon esto por escrito en un rollo de cuero, para que se recuerde …"

Isaías 30:8

Anda, pues, delante de ellos, y grábalo en una tablilla. Escríbelo en un rollo de cuero, para que en los días venideros quede como un testimonio eterno.

Jeremías 30:1-2

La palabra del SEÑOR vino a Jeremías: ² «Así dice el SEÑOR, el Dios de Israel: "Escribe en un libro todas las palabras que te he dicho .

(2)

Lección 9 - Para qué es?

2. Para que sirve?

Tal vez nunca encuentres tu problema ó situación específica en la Biblia, pero encontrarás instrucciones de vida que te ayudarán en todo aquello que enfrentes.

2 Timoteo 3:16-17

Toda la Escritura es inspirada por Dios y útil para enseñar, para reprender, para corregir y para instruir en la justicia, [17] a fin de que el siervo de Dios esté enteramente capacitado para toda buena obra.

Lección 9 - Para qué es?

3. Comienzo de la Biblia!

Lo primero que encontramos de la palabra de Dios son los 10 Mandamientos,

(7)

La primera vez que la Biblia se hizo libro fué en el año 382 AC. Fué escrita a mano en Latín, más de 1000 años antes que se inventara la imprenta.

La primera Biblia escrita en Inglés fué en 1384 AC, fué escrita a mano por alguien llamado Wycliffe.

(5)

La Biblia fué el primer libro impreso en la historia, en el año 1455 AC.

La versión King James se imprimió en el año 1885 AC.

(1)

Lección 9 - Para qué es?

En 1782, Robert Aitken imprimió la primera Biblia en América del Norte (Estados Unidos). Esto era necesario ya que las Colonias Inglesas declararon su independencia de Inglaterra y ese país no permitiría que trajeran Biblias a los Estados Unidos. Fué entonces que el Congreso aprobó oficialmente que se imprimiera la Biblia en América del Norte.

Este es lo que dijo:

> Resolución: El Congreso de Estados Unidos, aprueba la devota y loable garantía del Sr. Aitken, como servidor en el interés por la religión así como por el progreso de las artes en este país, y satisfechos con el reporte presentado, mostrando su cuidado y la exactitud en la ejecución del trabajo, recomiendan esta edición de la Biblia a los habitantes de los Estados Unidos y así lo autoriza a publicar esta recomendación en la forma que el considere apropiada. (pg. 574, Periódico del Congreso, Septiembre 12, 1782).

Lección 9 - Para qué es?

Recuerda!

La Biblia es el libro más vendido de todos los tiempos. Ha permanecido correcto y fiel a través de los años por que lo escribió Dios.

Los libros de la Biblia de esta semana

Ester

Job

Lo que más me gustó de esta lección...

_____
_____
_____
_____

Lección 10

Adán y Kiki

Descubrir
Construyendo la Biblia!

Verso a memorizar <u>Proverbios 2:1-2</u>
Hijo mío, si haces tuyas mis palabras y atesoras mis mandamientos; si tu oído inclinas hacia la sabiduría y de corazón te entregas a la inteligencia;

Lección 10 - Construyendo la Biblia!

Como la mayoría de los libros, la Biblia tiene un orden, como se describe en el índice. A veces el índice puede separar los capítulos en secciones. Los libros de la Biblia estan enlistados en secciones, asi es más fácil de entender lo que estamos leyendo.

La Biblia está dividida en los 2 testamentos (Antiguo y Nuevo). Después se divide en 11 secciones (ver página 72). Finalmente, se divide en los libros que más conocemos.

ANTIGUO TESTAMENTO
1. **El Tora**: Los primeros registros de la historia del mundo y la Ley que Dios les había otorgado a los Hebreos.
2. **Antes del Exilio**: Los eventos que sucedieron antes de que los judíos fueran al exilio (prohibido que volvieran a su pais) en Babilinia en 597 AC.
3. **Después del Exilio**: Los eventos que sucedieron después de que los judíos regresaron de Babilonia hasta el año 1 DC.
4. **Profetas Mayores**: Libros más grandes (largos) escritos por los profetas de Dios.
5. **Profetas Menores**: Libros más pequeños (cortos) escritos por los profetas de Dios

Lección 10 - Construyendo la Biblia!

NUEVO TESTAMENTO

1. **Registros de la vida de Jesús**: Los Libros de la Biblia acerca de Jesús cuando vivió aquí en la tierra.

2. **Primeros Registros de la Iglesia**: La Historia de los Principios ó Inicios de la Iglesia.

3. **Epístolas de Pablo**: Cartas con instrucciones escritas por Pablo, casi siempre para personas específicas.

4. **Epístolas Generales**: Cartas con instrucciones escritas por otros escritores, casi siempre dirigidas a grupos de gente, en vez de a una persona en particular.

5. **Apocalipsis:** Aquí se habla ó se revela lo que pasará en el futuro.

Lección 10 - Construyendo la Biblia!

ANTIGUO TESTAMENTO		NUEVO TESTAMENTO	
- HISTORICO -		**- EVANGELIO -**	
♦ Génesis ♦ Exodo ♦ Levítico ♦ Números ♦ Deuteronomio	La Torah	♦ Mateo ♦ Marcos ♦ Lucas ♦ Juan	Registro de Jesús En la Tierra
♦ Josué ♦ Jueces ♦ Rut ♦ 1 & 2 Samuel ♦ 1 & 2 Reyes ♦ 1 & 2 Crónicas	Antes-Exilio	**- HISTORIA -**	
♦ Esdras ♦ Nehemías ♦ Ester	Después - Exilio	♦ Hechos	Registro de Inicios de la Iglesia
- POETICO -		**- EPISTOLAS -**	
♦ Job ♦ Salmos ♦ Proverbios ♦ Eclesiásticos ♦ Cantares	Poesia	♦ Romanos ♦ 1 & 2 Corintios ♦ Galatas ♦ Efesios ♦ Filipenses ♦ Colosenses ♦ 1 & 2 Tesalonicenses ♦ 1 & 2 Timoteo ♦ Tito ♦ Filemón	Epístolas Escritas por Pablo
- PROFETAS -			
♦ Isaías ♦ Jeremías ♦ Lamentaciones ♦ Ezequiel ♦ Daniel	Profetas Mayores		
♦ Oseas ♦ Joel ♦ Amós ♦ Abdías ♦ Jonás ♦ Miqueas ♦ Nahúm ♦ Habacuc ♦ Sofonías ♦ Hageo ♦ Zacarías ♦ Malaquías	Profetas Menores	♦ Hebreos ♦ Santiago ♦ 1 & 2 Pedro ♦ 1 & 2 & 3 Juan ♦ Judas	Epístolas Generales
		- REVELACION DE CRISTO JESUS -	
		♦ **Apocalipsis**	

Las Aventuras de Adán y KiKi

Lección 10 - Construyendo la Biblia!

Hechos Divertidos!

- Hay 66 libros en la Biblia.
- El Antiguo Testamento tiene 39 libros.
- El Nuevo Testamento tiene 27 libros.
- El lbro más largo es Salmos. Con 150 capítulos.
- El libro más corto es 2 Juan. Tiene 1 capítulo con solo 13 versos.
- El capítulo más largo es Salmos 119. Tiene 176 versos.
- El capítulo más corto es Salmos 117. Tiene solo 2 versos.
- EL verso más largo es Ester 8:9.

Ester 8:9

De inmediato fueron convocados los secretarios del rey. Era el día veintitrés del mes tercero, el mes de *siván*. Se escribió todo lo que Mardoqueo ordenó a los judíos y a los *sátrapas, intendentes y funcionarios de las ciento veintisiete provincias que se extendían desde la India hasta Etiopía. Esas órdenes se promulgaron en la escritura de cada provincia y en el idioma de cada pueblo, y también en la escritura e idioma propios de los judíos.

- El verso más corto es Juan 11:35.

Juan 11:35
Y lloró Jesús.

Lección 10 - Construyendo la Biblia!

El hombre que vivió más tiempo fué Matusalén. Vivió por 969 años y murió el mismo año del Diluvio.

Hubo 2 personas en la Biblia que nunca murieron.

El primero fué Enoc.

Génesis 5:22-24
Después del nacimiento de Matusalén, Enoc anduvo fielmente con Dios trescientos años más, y tuvo otros hijos y otras hijas. ²³ En total, Enoc vivió trescientos sesenta y cinco años, ²⁴ y como anduvo fielmente con Dios, un día desapareció porque Dios se lo llevó.

El Segundo fué Elías.

2 Reyes 2:11
Iban caminando y conversando cuando, de pronto, los separó un carro de fuego con caballos de fuego, y Elías subió al cielo en medio de un torbellino.

Lección 10 - Construyendo la Biblia!

El hombre más inteligente en la Biblia fué Salomón.

1 Reyes 3:12
voy a concederte lo que has pedido. Te daré un corazón sabio y prudente, como nadie antes de ti lo ha tenido ni lo tendrá después.

2 Samuel 14:25-26
En todo Israel no había ningún hombre tan admirado como Absalón por su hermosura; era perfecto de pies a cabeza. ²⁶ Tenía una cabellera tan pesada que una vez al año tenía que cortársela; y según la medida oficial, el pelo cortado pesaba dos kilos. Absalón se enredó en un árbol con su cabello.

2 Samuel 18:9
Absalón, que huía montado en una mula, se encontró con los soldados de David. La mula se metió por debajo de una gran encina, y a Absalón se le trabó la cabeza entre las ramas. Como la mula siguió de largo, Absalón quedó colgado en el aire.

Lección 10 - Construyendo la Biblia!

Recuerda!

La Biblia está llena de hechos interesantes.

Los libros de la Biblia de esta semana

Sálmos
Proverbios

Lo que más me gustó de esta lección...

_____
_____
_____
_____

Lección 11

Adán y Kiki

Descubrir Cómo Estudiar!

Verso a memorizar — **Job 23:12**

No me he apartado de los mandamientos de sus labios; en lo más profundo de mi ser he atesorado las palabras de su boca.

Lección 11 - Cómo Estudiar!

Para qué vamos a la escuela? A APRENDER! Haz una lista de algunas de las cosas que aprendes en la escuela.

Sabías que Dios también quiere que aprendamos?

2 Timoteo 2:15a
Esfuérzate por presentarte a Dios aprobado, como obrero que no tiene de qué avergonzarse.

Lección 11 - Cómo Estudiar!

1. Cómo estudiar!

Pregúntate a ti mismo lo siguiente:

- Quién
  - Quién está escribiendo?
  - Para quién están escribiendo?
  - Acerca de quién están escribiendo?
  - Quién está hablando?
- Qué
  - Qué está sucediendo en el texto?
- Cuando
  - Cuándo sucedió?
- Dónde
  - De dónde vienen?
  - Dónde sucedió?
- Porque
  - Porqué se incluyó en las Escrituras?

Lucas 15:8-10

"O supongamos que una mujer tiene diez monedas de plata y pierde una. ¿No enciende una lámpara, barre la casa y busca con cuidado hasta encontrarla? ^{9} Y cuando la encuentra, reúne a sus amigas y vecinas, y les dice: "Alégrense conmigo; ya encontré la moneda que se me había perdido." ^{10} Les digo que así mismo se alegra Dios con sus ángeles por un pecador que se arrepiente."

Lección 11 - Cómo Estudiar!

QUIEN _____
_____
_____

QUE _____
_____
_____

CUANDO _____
_____
_____

DONDE _____
_____
_____

PORQUE _____
_____
_____

(2)

Lección 11 - Cómo Estudiar!

2. Pregúntate a ti mismo!

Jesús enseñó muchas lecciones. La Biblia nos habla acerca de algunas de ellas en los capítulos 5 y 6 de Mateo. Cuando leemos estas lecciones debemos preguntárnos lo siguiente:

- Hay una lección que aprender?
- Hay un mandato que obedecer?
- Hay algun pecado que podemos evitar?
- Hay una promesa que reclamar ó esperar?

Lucas 15:8-10

"O supongamos que una mujer tiene diez monedas de plata y pierde una. ¿No enciende una lámpara, barre la casa y busca con cuidado hasta encontrarla? [9] Y cuando la encuentra, reúne a sus amigas y vecinas, y les dice: "Alégrense conmigo; ya encontré la moneda que se me había perdido." [10] Les digo que así mismo se alegra Dios con sus ángeles por un pecador que se arrepiente."

Lección 11 - Cómo Estudiar!

Juan 3:16

"Porque tanto amó Dios al mundo, que dio a su Hijo *unigénito, para que todo el que cree en él no se pierda, sino que tenga vida eterna."

Qué podemos aprender de esta lección?

_____
_____

Qué debemos obedecer?

_____
_____
_____

Qué ó cuál pecado debemos de evitar?

_____
_____

Cuál es la promesa que podemos reclamar ó esperar?

_____
_____

Lección 11 - Cómo Estudiar!

3. Cree lo que nos dice!

A veces no entedemos lo que la Biblia esta tratando de decirnos ó enseñarnos cuando empezamos a leerla. Eso está bien. Recuerdas lo difícil que fué aprender a leer? Al principio las letras y palabras podían confundirnos, pero mientras más leíamos era más fácil entender. Así la Biblia será más fácil de entender con la practica y el estudio. Solo tenemos que recordar que la Biblia nos dice la verdad y podemos orar y pedirle a Dios que nos ayude a entenderla.

(2) (4) (5)

Lucas 24:27

Entonces, comenzando por Moisés y por todos los profetas, les explicó lo que se refería a él en todas las Escrituras.

Lección 11 - Cómo Estudiar!

Recuerda!

Estudiar la Biblia es muy parecido a estudiar en la escuela.

Los libros de la Biblia de esta semana

Eclesiastes

Cantares de Solomón

Lo que más me gustó de esta lección...

_____
_____
_____
_____

Las Aventuras de Adán y KiKi

Lección 12

Adán y Kiki

Descubrir
Cómo Dios la Explica!

Verso a memorizar

Marcos 4:2a

Entonces se puso a enseñarles muchas cosas por medio de parabolas.

Lección 12 - Cómo Dios la Explica!

A veces la Biblia nos enseña usando diferentes formas de escribir. Ahora vamos a aprender acerca de tres diferentes formas. Profecía, Símbolos y Parábolas.

1 Profecía!

Profecía es cuando Dios le dice a una persona ó profeta acerca de algo que va a pasar en el futuro y después ellos se lo dicen a otras personas.

2 Pedro 1:21

… Porque la profecía no ha tenido su origen en la voluntad *humana, sino que los profetas hablaron de parte de Dios, impulsados por el Espíritu Santo.

(10)

Lección 12 - Cómo Dios la Explica!

1. Símbolos!

Un símbolo es algo que significa algo diferente. Un buen ejemplo de símbolos se encuentran en La Ultima Cena que tuvo Jesús con sus discípulos antes de morir.

Lucas 22:19-20

También tomó pan y, después de dar gracias, lo partió, se lo dio a ellos y dijo:—Este pan es mi cuerpo, entregado por ustedes; hagan esto en memoria de mí. [20] De la misma manera tomó la copa después de la cena, y dijo: Esta copa es el nuevo pacto en mi sangre, que es derramada por ustedes.

Hoy en día se reconocen esos símbolos y tomamos la communion con jugo y galletas (simbólicamente).

Lección 12 - Cómo Dios la Explica!

2 continuación

Otros ejemplos son:

La Cruz

Hebreos 12:2b

Quien por el gozo que le esperaba, soportó la cruz, menospreciando la vergüenza que ella significaba, y ahora está sentado a la *derecha del trono de Dios.

Hasta el día de hoy reconocemos la Cruz como símbolo de lo que Jesucristo hizo por nosotros. [7]

Lección 12 - Cómo Dios la Explica!

2 continuación

La Serpiente y la Vara ó poste

Números 21:9
Moisés hizo una serpiente de bronce y la puso en un asta. Los que eran mordidos, miraban a la serpiente de bronce y vivían.

(4)

Hoy en día este símbolo lo usan los doctores y la medicina en general.

Lección 12 - Cómo Dios la Explica!

3. Parábolas!

Una parábola es una historia que nos enseña una lección.

Marcos 4:2a
Entonces se puso a enseñarles muchas cosas por medio de parabolas...

Lucas 8:10a
A ustedes se les ha concedido que conozcan los *secretos del reino de Dios —les contestó—; pero a los demás se les habla por medio de parábolas...

Nombra algunos ejemplos de parábolas (historias) de la Biblia.

_____

_____

_____

_____

_____

Lección 12 - Cómo Dios la Explica!

Recuerda!

Profecías, parábolas y símbolos son partes muy importantes de la Biblia.

Los libros de la Biblia de esta semana

Isaías

Jeremías

Lo que más me gustó de esta lección...

_____
_____
_____
_____

Apéndice

Conociendo a Dios

Dios nos Ama a todos y quiere ser un Padre Amoroso y nuestro mejor amigo. El problema es que, cuando nacemos, traemos el pecado en nosotros que causa que nos separemos de Dios y no hay nada que podamos hacer. Pecado es cuando hacemos lo que nosotros queremos, cuando así lo queremos en vez de hacer lo que Dios quiere que hagamos (Su Voluntad). El pecado es la razón por la que no vamos al cielo, es decir, si no nos apegamos a la palabra de Dios y hacemos su voluntad lo mejor posible.

Romanos 3:23
Pues todos han pecado y están privados de la gloria de Dios.

Dios nos ama aún cuando hay pecado en nosotros. Dios es siempre justo, y eso significa que quien hace el bien debe ser premiado y todo aquel que no hace el bien, lo correcto, debe ser castigado. Dios sabía que al tener el pecado en nosotros significaba que debíamos ser castigados y EL hizo un plan para que los hombres fuéramos perdonados y hacer el bien (hemos sido perdonados ante los ojos de Dios). Para que su plan funcionara, alguien tuvo que morir por nuestros pecados y recibir el castigo que era para nosotros y esa persona tenía que ser pura y estar limpia del pecado.

Romanos 6:23
Porque la paga del pecado es muerte, mientras que la dádiva de Dios es vida eterna en Cristo Jesús, nuestro Señor..

Dios nos ha demostrado cuanto nos Ama cuando envió a su único Hijo, Jesucristo (Cristo Jesús), a esta tierra a morir en la cruz por nuestros pecados, para hacernos personas de bien, ante sus ojos. Jesús, quien era puro y sin pecado, tomó nuestro lugar y pagó el precio de nuestros pecados al derramar su sangre. Es la sangre de Cristo que nos limpia de nustros pecados y es la única forma de encontrar la salvación. Resucitó y regresó al cielo y está sentado a la derecha del Padre en espera de nosotros.

Romanos 5:8
Pero Dios demuestra su amor por nosotros en esto: en que cuando todavía éramos pecadores, Cristo murió por nosotros.

Conociendo a Dios

Cuando Dios terminó con su Plan de Salvación, EL nos dijo que podemos ser perdonados simplemente si creemos que Cristo es el Hijo de Dios, que murió en la Cruz por nuestros pecados, que resucitó y está en el cielo sentado junto al Padre. Nosotros demostramos tener FE, lo que quiere decir que creemos en todo esto cuando pedimos perdón a Dios por nuestros pecados. Entonces el Espíritu Santo termina de completar el Plan de Dios para nuestra **Salvación através de limpiarnos** y vivir en nosotros por siempre.

1 Juan 1:9
Si confesamos nuestros pecados, Dios, quien es fiel y justo, nos los perdonará y nos limpiará de toda maldad.

Si quieres la salvación y ser una persona libre de pecado, todo lo que tienes que hacer es orar ó clamar el nombre del Señor, y pedirle por tu salvación y EL lo hará.

Romanos 10:13
Porque "Todo el que invoque el nombre del SEÑOR será salvo."

Este es un ejemplo de la oración que puedes rezorar:

Padre,, yo creo que tu mandaste a Cristo Jesús a morir por mis pecados y también creo que EL resucitó y subió al cielo y está contigo. Yo creo que tu hiciste eso por que me Amas. Por favor perdona mis pecados y te abro mi corazón para que vivas en el. Yo viviré para ti todos los días de mi vida.

PáginaD

PáginaE

Versos a Memorizar

Lección	Referencia	Texto
Lección 1 La verdad total	Isaiah 40:8	La hierba se seca y la flor se marchita, pero la palabra de nuestro Dios permanece para siempre.
Lección 2 El Tesoro	Salmos 119:89	Para siempre, Oh SEÑOR, Permanece tu palabra en los cielos.
Lección 3 El intruso	Esesios 6:11	Pónganse toda la armadura de Dios para que puedan hacer frente a las artimañas del diablo.
Lección 4 Sigue al líder	Jeremías 29:11	Porque yo sé muy bien los planes que tengo para ustedes —afirma el SEÑOR—, planes de bienestar y no de calamidad, a fin de darles un futuro y una esperanza.
Lección 5 Una danza para Dios	Apocalipsis 4:11	"Digno eres, Señor y Dios nuestro, de recibir la gloria, la honra y el poder, porque tú creaste todas las cosas; por tu voluntad existen y fueron creadas".
Lección 6 Tres en Uno	1 Juan 5:7-8	Tres son los que dan testimonio, y los tres están de acuerdo: el padre, el Palabra y el Estiritu Santo

Las Aventuras de Adán y KiKi - Apéndice 3 -

PáginaG

Versos a Memorizar

Lección	Referencia	Texto
Lección 7 ¿Quién es Dios?	Jeremías 9:24a	Si alguien ha de gloriarse, que se gloríe de conocerme y de comprender que yo soy el SEÑOR ...
Lección 8 Nombres de Dios	Oseas 6:3a	Oh, Conozcamos al SEÑOR; vayamos tras su conocimiento.
Lección 9 ¿Para qué es?	Salmos 78:4b	...No las esconderemos de sus descendientes; hablaremos a la generación venidera del poder del SEÑOR, de sus proezas, y de las maravillas que ha realizado.
Lección 10 Contruyendo la Biblia	Proverbios 2:1-2	Hijo mío, si haces tuyas mis palabras y atesoras mis mandamientos; si tu oído inclinas hacia la sabiduría y de corazón te entregas a la inteligencia.
Lección 11 Cómo estudiar	Job 23:12	No me he apartado de los mandamientos de sus labios; en lo más profundo de mi ser he atesorado las palabras de su boca.
Lección 12 Cómo Dios la explica	Marcos 4:2 a	Entonces se puso enseñarles muchas cosas por medio de parabolas...

www.ingramcontent.com/pod-product-compliance
Lightning Source LLC
Chambersburg PA
CBHW080523030426
42337CB00023B/4603